Rosemarie Portmann

Die 50 besten Spiele für mehr Konzentration

DON BOSCO

MiniSpielothek

**Gerne nehmen wir Ihre Anregungen,
Wünsche, Kritik oder Fragen entgegen:**
Don Bosco Medien GmbH, Sieboldstraße 11, 81669 München
Servicetelefon: 089 / 48008-341

Bibliografische Information der Deutschen Nationalbibliothek

Die Deutsche Nationalbibliothek verzeichnet diese Publikation in der Deutschen Nationalbibliografie; detaillierte bibliografische Daten sind im Internet über http://dnb.d-nb.de abrufbar.

1. Auflage 2012 ISBN 978-3-7698-1938-0

www.donbosco-medien.de
Umschlag und Umschlagfoto: Manfred Lehner, Blue Cat Design
Layout: Alexandra Paulus
Produktion: Don Bosco Druck & Design, Ensdorf

Gedruckt auf umweltfreundlichem Papier

Inhalt

Die meisten wissen gar nicht, was sie für ein Tempo haben könnten, wenn sie sich nur einmal den Schlaf aus den Augen rieben.

Christian Morgenstern

Spiele, um innere Ruhe zu finden

Zur Ruhe kommen

Die Kinder bewegen sich frei im Raum. Dabei sollen sie den ganzen Raum ausnutzen, nicht nur durch die Mitte laufen, sondern auch in jede Ecke. Wenn sie auf andere Kinder treffen, dürfen sie diese nicht anrempeln, sondern müssen ihnen ausweichen.

Vor Spielbeginn wird ausgemacht:

Klatscht die Spielleitung einmal in die Hände, sollen die Kinder schnell gehen, bei zweimal Händeklatschen sollen sie langsam gehen, bei dreimal Händeklatschen sollen sie die Laufrichtung ändern.

Das Spiel sollte nicht viel länger als fünf Minuten dauern. Im Laufe der Zeit gibt die Spielleitung ihre Anweisungen durch Klatschen in immer kürzeren Abständen.

Das Spiel hört auf, indem die Spielleitung am Ende sagt:

„Werdet langsamer – noch langsamer – noch viel langsamer – nun bleibt stehen."

Feierabend

Die Kinder stehen oder sitzen im Kreis oder behalten ihre normale Sitzordnung. Die Spielleitung nennt nacheinander Tätigkeiten, die von allen pantomimisch ausgeführt werden. Die Spielleitung sagt z. B.:
„Hüpfen" – alle hüpfen; „Ball spielen" – alle tun so, als würden sie Bälle werfen, fangen oder treten; „Gitarre spielen" – alle spielen „Luftgitarre"; „Holz hacken" – alle machen Hackbewegungen, usw.
Begonnen wird mit Tätigkeiten, die viel Bewegung erfordern und möglichst den ganzen Körper in Schwung bringen. Nach und nach werden die Tätigkeiten dann immer ruhiger und enden mit dem Feierabend:
„Arme ausschütteln – Beine ausschütteln – hinsetzen – gähnen – den Kopf auf die Arme stützen – den Kopf auf den Tisch legen – Augen schließen – ruhig und gleichmäßig atmen – schlafen."
Nach etwa einer Minute sagt dann die Spielleitung: „Aufwachen und ruhig sitzen bleiben" und alle wachen auf und bleiben ruhig sitzen.

Die Stille malen

Im Anschluss an ein Spiel, bei dem die Kinder still geworden sind, oder nach einer anderen Stille-Erfahrung, z. B. nach einem Spaziergang im Wald, bei dem die Kinder in die Stille hinein auf Geräusche von Tieren und Pflanzen gelauscht haben, malen sie ein Bild zum Thema „Stille“, großflächig mit dicken Wachsmalstiften oder Fingerfarben. Die Kinder müssen sich dabei nicht auf die unmittelbar zuvor gemachte Stille-Erfahrung beziehen. Sie müssen nichts Konkretes malen, sondern können einfach ihr Gefühl zu Papier bringen. Anschließend werden die Bilder gemeinsam betrachtet. Kinder, die mögen, können ihre Bilder vorstellen. Sie können erklären, was sie gemalt und empfunden haben und ob oder wie schwierig es war, Stille sichtbar zu machen.

Material

große Papierbögen, Wachsmalstifte oder Fingerfarben

Marionettentheater

Die Kinder bilden Paare. Ein Kind wird zur Marionette, das andere zu Marionettenspieler oder –spielerin. Die Marionette kann sich nicht von selbst bewegen. Sie wird steif und ungelenk, wie an Fäden pantomimisch von Marionettenspielerin oder –spieler bewegt. Die Fäden sind am Kopf, an den Schultern, Ellenbogen, Händen, Fingern, Knien, Füßen usw. befestigt.
Die Bewegungen können beliebig sein. Die Marionettenspieler können aber auch gemeinsam mit ihren Marionetten ein Standbild bauen oder paarweise oder mit der ganzen Gruppe eine Szene spielen.
Nach einer vereinbarten Zeit werden die Rollen getauscht. Das Marionettenspiel kann auch mit Musik begleitet werden.

Versteinern

Die Kinder bewegen sich frei in einem nicht zu großen Spielfeld. Ein Kind wird zur Zauberin oder zum Zauberer und erhält einen Zauberstab. Zwei Kinder werden zu Wachleuten. Kinder, die mit dem Zauberstab berührt werden, erstarren zu Stein. Luft holen, mit den Augen blinzeln, unfreiwillig niesen oder husten ist natürlich erlaubt. Die Wachleute gehen zwischen den erstarrten Kindern umher und kontrollieren, ob sie sich auch tatsächlich nicht bewegen. Die Wachleute dürfen die Kinder dabei nicht zur Bewegung provozieren, etwa durch Grimassenschneiden, Lachen, Bemerkungen o.Ä. Sie sind wirklich nur zum Beobachten da. Sie entzaubern Kinder, die sich bewegen, und schicken sie aus dem Spielfeld. Das Kind, das am längsten versteinert stehen bleibt, wird neuer Zauberer oder neue Zauberin. Die beiden Wachleute suchen für eine neue Runde jeweils neue Wachleute aus. Bei einer größeren Kindergruppe können auch mehr als zwei Wachleute eingesetzt werden.

Material

ein (Zauber-)Stab

Noch mal in Zeitlupe

Zuerst bewegen die Kinder sich frei durch den Raum oder erfüllen eine vorgegebene Tätigkeit in ihrem „Normaltempo“, z. B. nach der Pause den Raum betreten und sich hinsetzen, einen Stuhlkreis stellen.
Auf ein Signal der Spielleitung hin, z. B. einen Gongschlag, gehen alle zurück „auf Anfang“ und wiederholen dieselbe Tätigkeit in „Zeitlupe“.
Das Spiel kann eine gute Möglichkeit sein, hibbelige Kinder „herunterzuholen“ – ohne Ermahnen, Schimpfen oder Lautwerden.

Eine Minute Stille

Alle Kinder stehen auf und stellen sich vor ihren Stuhl. Auf ein Zeichen der Spielleitung hin sollen sie dort eine Minute still stehen bleiben. Wer den Eindruck hat, dass die Minute um ist, setzt sich – still – hin. Die Spielleitung stoppt, wann die Minute wirklich vorbei ist und beendet damit die stille Minute.
Es ist gar nicht so einfach, den Ablauf einer Minute annähernd richtig zu schätzen.
Das Spiel sollte nach und nach auch mit einzelnen Kindern gespielt werden. Beim Gruppenspiel kann es sonst passieren, dass sich Kinder einfach hinsetzen, wenn sich andere hinsetzen und nicht auf ihr eigenes Zeitgefühl achten. Die gefühlte Minute sollte für jedes Kind bei jedem Versuch protokolliert werden. Und wer es dann geschafft hat, tatsächlich eine Minute still stehen zu bleiben, sollte gebührend Anerkennung bekommen. Wer schafft es, beim nächsten Mal sogar zwei Minuten still zu stehen?

Material

eine Stoppuhr oder eine Uhr mit Sekundenzeiger

Die weiße Tafel füllen

Mit dieser Fantasieübung können Kinder auf den konzentrierten Umgang mit einer Aufgabe eingestimmt werden.

Die Spielleitung gibt die Anweisung: „Ich möchte euch ein Fantasieexperiment zeigen, dass euch immer wieder helfen kann, euch besser auf eine Aufgabe, die ihr bearbeiten sollt, zu konzentrieren. Setzt euch bequem hin und schließt die Augen. - Atmet ruhig und gleichmäßig, bis ihr euch ganz ruhig fühlt. - Stellt euch nun vor eurem inneren Auge eine leere weiße Tafel vor oder eine leere Leinwand, so wie im Kino, ehe der Film beginnt. - Auf der weißen Wand wird jetzt ein Bild erscheinen, das zu ... passt. (Thema einsetzen oder nächste Aufgabe). - Lasst das Bild langsam entstehen und schaut, was ihr dort zu eurer Aufgabe sehen könnt. - Wenn ihr das Bild deutlich genug gesehen habt, könnt ihr die Augen öffnen. - Nun fangt an, eure Aufgabe zu bearbeiten."

Im Unterricht kann die Übung als Einführung in ein neues Thema verwendet werden. Das Thema wird benannt und an die Tafel oder auf ein Wandplakat geschrieben. Die Fantasieübung kann den Kindern helfen, Interesse am Thema zu wecken und eigene Fragen zu formulieren.

Mein Stressfresser

Unruhige und leicht ablenkbare Kinder können nicht einfach auf Anweisung ihr inneres Gleichgewicht finden. Die folgende Übung kann sie dabei unterstützen, alles Beunruhigende zu vertreiben. Die Spielleitung gibt folgende Anweisung:
„Stell dir vor, du hast einen Stressfresser, ein Geschöpf mit einem dicken Bauch, das alles in sich hineinfrisst, was dich ablenkt, dich stört, dich aufregt, dich unruhig macht.
Male ein Bild von deinem Stressfresser. Sind seine Zähne scharf genug, um alles, was dich stresst, klein zu kriegen? Ist sein Bauch groß genug, damit alles hineinpasst? Füttere deinen Stressfresser mit allem, was Dich beschäftigt, was dich ärgert, was dich ablenkt. Gib ihm einfach alles, was dir Stress macht. Male alles hinein. Du kannst einfach deine Gefühle hineinmalen, Farben oder Formen, die deine Wut, deine Ängste, deine Träumereien ausdrücken. Du kannst aber auch besondere Ereignisse hineinmalen, einen Menschen, der dich beunruhigt, ein Hobby, das dich ablenkt o. Ä. Du kannst alles hinein zeichnen, was dich aufregt oder ablenkt.

Deine Zeichnung gehört nur dir. Du musst sie niemandem zeigen, wenn du nicht magst."
Haben alle ihren Stressfresser gemalt und gefüttert, wird den Kindern Zeit gegeben, darüber zu sprechen:

- Was macht mich nervös?
- Was lenkt mich ab?
- Was tue ich, wenn ich unruhig und unkonzentriert bin?
- Wie kann ich mich besser konzentrieren?

Ob und wie sich ein Kind äußert, bleibt ihm dabei selbst überlassen. Keines darf das Gefühl haben, seine Zeichnung zeigen oder das Wort ergreifen zu müssen.

Material

Papier und Stifte

Variation

Für ein schnelles Ent-stressen zwischendurch bekommt jedes Kind einen Luftballon. Es sucht sich eine Farbe aus, die zu seiner Stimmung passt. Alles, was es ablenkt und unruhig macht, pustet es nun in den Luftballon, so lange, bis der Luftballon platzt. Manche Kinder verbrauchen vielleicht auch zwei oder mehr Luftballons, bis sich alle Unruhe in Luft aufgelöst hat.

Ich kann mich konzentrieren

Konzentrationsfähigkeit ist eine wichtige Voraussetzung für erfolgreiches Lernen. Ein Kind, das erfolgreich lernen will, muss eine positive Einstellung zu seiner Konzentrationsfähigkeit haben. Es muss daran glauben, dass es schafft, was es schaffen soll. Die bewusst herbeigeführte Erinnerung an eine frühere erfolgreiche Situation kann helfen, auch die nächste Lernsituation erfolgreich zu meistern.

Die Spielleitung gibt die Anweisung:

„Setzt euch bequem hin und schließt die Augen. Erinnert euch an eine Situation, in der Ihr euch gut konzentrieren konntet. Jedes Kind hat eine solche Situation schon erlebt. - Ihr habt eine Aufgabe konzentriert gelöst? Ihr habt bei einem Spiel gewonnen? Ihr habt etwas richtig gut gemacht, zu dem ihr eigentlich gar keine Lust hattet? Ihr habt irgendetwas zu Ende gebracht ohne euch ablenken zu lassen? - Spürt das angenehme Gefühl bei dieser Erinnerung. Lasst euch Zeit, dieses Gefühl richtig auszukosten.

Jetzt denkt an eure zukünftige Aufgabe. Sagt euch selbst: ‚Ich schaffe es. Ich kann mich gut konzentrieren. Es geht mir gut, wenn ich diese Arbeit zügig erledigt habe. Ich habe dann ein gutes Gefühl. Ich kann danach beruhigt etwas anderes machen.'"

Spiele, um die Sinne zu schärfen

Was hat sich verändert?

Die Kinder stellen sich in zwei Reihen einander gegenüber auf, so dass sich immer zwei Kinder direkt anschauen. Jedes soll nun sein Gegenüber von Kopf bis Fuß genau studieren und sich einprägen, wie das Kind aussieht und was es anhat.
Auf ein Zeichen der Spielleitung drehen sich alle Kinder um. Während sie sich ihre Rücken zudrehen, verändern alle Kinder irgendetwas an sich. Ein Kind setzt z.B. die Brille ab, macht den Gürtel auf, krempelt die Hosenbeine hoch o.Ä. Sind alle fertig, drehen sie sich wieder um und schauen ihr Gegenüber an. Was hat sich verändert?

Besetzte Plätze

Jedes Kind erhält einen kleinen Bogen kariertes Papier und einen Stift. Die Spielleitung hat zuvor auf einem großen Blatt Papier gleichmäßige Karos aufgemalt. In einige der Karos stellt sie nun in beliebiger Anordnung verschiedene kleine Gegenstände, ein Döschen, ein Spielzeugauto, ein Radiergummi o. Ä. Die Kinder erhalten Zeit, sich den Aufbau genau anzuschauen. Dann wird das Papier mit den Gegenständen abgedeckt.
Die Kinder sollen sich nun nicht daran erinnern, welche Gegenstände sie gesehen haben. Sie sollen sich an die Anordnung der Gegenstände erinnern und auf ihrem karierten Papier aufmalen, welche Karos besetzt waren.

12

Variation

In einer ersten Runde werden die Kinder nach den Gegenständen gefragt, die sie gesehen haben, erst in einer zweiten Runde nach der Anordnung der Gegenstände.

Material

ein großer Bogen Papier und für jedes Kind einen kleinen Bogen kariertes Papier, Stifte, mehrere kleine Gegenstände

Bilderrätsel

Den Kindern werden nacheinander mehrere, beispielsweise drei, großformatige Bilder gezeigt. Sie bekommen genügend Zeit, sich alle Bilder genau anzuschauen. Anschließend stellt die Spielleitung Fragen zu den Bildern. Ältere Kinder, die schon gut lesen können, können auch einen Zettel mit Fragen bekommen. Dabei kommt es darauf an, die Kinder mit Fragen zu Details zu verblüffen, auf die sie nicht gefasst sind.

Beispiele

- Welche Farbe hatte der höchste Berg auf dem zweiten Bild?
- Wie viele Bäume waren auf dem dritten Bild?
- Wie viele Frauen waren auf dem ersten Bild?

Das Spiel regt die Kinder dazu an, aufmerksamer und genauer zu beobachten und auf andere Dinge als sonst zu achten.

Material

mehrere gegenständliche Bilder aus Kinderbüchern, Zeitschriften o. Ä.

Etwas Gehörtes zeichnen

Die Spielleitung beschreibt ein Bild, das sie für sich vorher aufgezeichnet hat. Sie sagt z. B.:
„Auf einer Wiese steht ein kleines Haus. Dieses Haus hat eine Tür, die weit offen steht, und rechts und links davon je ein Fenster. In dem linken Fenster hängen Gardinen. Im rechten Fenster steht ein Blumentopf, aus dem eine einzige Blume herausschaut. Um das Haus herum ist ein Zaun. Auf dem Dach hockt eine Katze, die gerade einen Buckel macht. Aus dem Schornstein steigt Rauch auf. Auf der Wiese vor dem Haus spielen zwei Kinder, ein Junge und ein Mädchen."
Die Geschichte kann kürzer oder länger sein, mehr oder weniger Details enthalten, je nach dem Auffassungsvermögen der Kinder in der Gruppe.
Die Kinder werden gebeten mit geschlossenen Augen zuzuhören. Sie sollen nicht versuchen, sich die Sätze zu merken, sondern das Bild in ihrem Kopf zu sehen. Dann sollen sie das Gehörte aufzeichnen. Dabei kommt es nicht auf die Schönheit an, sondern dass alle wesentlichen Details der Beschreibung enthalten sind. Sind alle fertig, werden die Bilder der Kinder mit dem Original verglichen.

Material

Papier und Buntstifte

Lockruf

Die Kinder bilden Paare. Jedes Paar vereinbart für sich einen bestimmten „Lockruf", ein Geräusch oder ein Wort, das möglichst ausgefallen sein muss, damit es sich von den Lockrufen der anderen Paare deutlich unterscheidet. Die Paare trennen sich und allen Kindern werden die Augen verbunden. Nur mit Hilfe ihres Lockrufs müssen sie nun versuchen, ihre Partnerin oder ihren Partner wiederzufinden. Andere Geräusche sind nicht erlaubt. Auf keinen Fall darf gesprochen werden. Auch absichtliche Berührungen sind nicht erlaubt. Nach einer vorher festgelegten Zeit nehmen alle die Augenbinden ab. Welche Paare haben sich wiedergefunden?
Im Gespräch danach kann geklärt werden, was schwierig war und warum das Wiederfinden manchmal nicht geklappt hat. Die nächste Runde kann dann mit neuen Erkenntnissen von neuen Paaren mit neuen Lockrufen gespielt werden.

Material

Augenbinden für alle Kinder

Der fehlende Klang

Die Kinder sammeln Gegenstände und machen damit Geräusche, z. B. mit einer Glocke, einem Wecker, einem Schlüsselbund, einem Hammer, Zeitungspapier – eigentlich kann man mit jedem Gegenstand ein Geräusch erzeugen. Alle Kinder probieren zunächst alle Gegenstände aus und horchen auf die unterschiedlichen Geräusche.
Dann dreht sich ein Kind um. Die anderen Kinder machen mit jedem der Gegenstände ein Geräusch, nur mit einem nicht. Sobald es wieder still geworden ist, soll das Kind sagen, welcher Klang gefehlt hat.

Variation

Die Kinder setzen sich mit dem Rücken zur Spielleitung, die mit diesen Gegenständen Geräusche erzeugt. Die Kinder schreiben auf, welche Geräusche sie glauben, gehört zu haben.

Material

Alltagsgegenstände, mit denen die Kinder Geräusche machen können

16

Störenfriede

Ein Kind erzählt eine Geschichte. Dabei wird es von den anderen Kindern immer wieder mit Fragen unterbrochen. Das können Fragen sein, die sich auf die Geschichte beziehen, es können aber auch Fragen sein, die mit der Geschichte nichts zu tun haben, z.B. nach der Uhrzeit oder nach einer Verabredung am Nachmittag. Das Kind muss jede Frage beantworten und seine Geschichte anschließend genau an der Stelle weiter erzählen, an der es wegen der Frage abgebrochen hat. Gelingt es den anderen Kindern, das Kind vom Erzählen abzulenken? Wie lange hält das erzählende Kind durch?
Um die Spielregel deutlich zu machen, sollte in den ersten Runden die Spielleitung mitspielen, indem sie entweder die Geschichte erzählt oder sich eifrig darum bemüht, möglichst ablenkende Fragen zu stellen.

Blindenparcours

Aus Bauklötzen wird ein Labyrinth gebaut. Dann werden einem Kind die Augen verbunden und es erhält einen „Blindenstock“. Mit diesem muss es sich vorsichtig durch die Klötze tasten, so dass kein Klotz umfällt. Zusätzlich erhält es Hilfe von einem sehenden Kind, das es nur mit Worten durch das Labyrinth lenken darf. Anfassen darf es das „blinde“ Kind aber nicht. Anschließend werden die Rollen getauscht. Dieses Spiel erfordert viel Konzentration von beiden Kindern, dem „blinden“ und dem „sehenden“.

Material

Bauklötze, eine Augenbinde, ein Spazier- oder Zeigestock

18

Hütchenspiel

Drei Becher werden mit der Öffnung nach unten auf den Tisch gestellt. Die Tischplatte sollte glatt sein, damit sich die Becher gut schieben lassen. Unter einem der Becher wird vor den Augen der Kinder die Papierkugel versteckt. (Die Kugel sollte aus Papier sein, damit sie beim Verschieben nicht zu hören ist.) Die Becher werden von der Spielleitung hin und her geschoben, am Besten lässt sie sie eine Weile umeinander kreisen und unterhält sich dabei möglichst intensiv mit den Kindern, um deren Konzentration zu erschweren. Die Kinder sollen beim Zuschauen genau beobachten und den Becher mit der Kugel im Auge behalten. Sind die Becher zum Stillstand gekommen, sollen sie den Becher benennen, unter dem die Kugel versteckt ist.

Material

drei undurchsichtige Joghurtbecher oder Trinkbecher und eine kleine Papierkugel

Konzentrationskette

Die Kinder stehen oder sitzen im Kreis. Sie geben einen (niedrigen) Turm aus übereinander gestapelten Bauklötzen von Hand zu Hand weiter, ohne dass dieser zusammenfällt. Der Turm darf dabei nicht mit den freien Händen gestützt oder festgehalten werden.

Material

mehrere Bauklötze

Variationen

Die Kinder geben etwas anderes Wackliges weiter, für das das Material gerade vorhanden ist.

20

Beispiele

- Zwei Bleistifte, über die quer ein dritter gelegt ist.
- Einen Tischtennisball von Handrücken zu Handrücken
- Einen Becher, in dem eine Murmel rollt. Die Murmel darf beim Weiterreichen nicht an die Becherwand stoßen und dabei zu hören sein.

Spiele, um auf Wörter und Zahlen zu achten

Aufs Wort hören

Die Spielleitung erzählt eine Geschichte zu einem bestimmten Thema, das sie den Kindern zu Beginn auch nennt. Jedem Kind wird aus diesem Themenbereich ein Wort zugeteilt. Sobald dieses Wort fällt, muss das betreffende Kind aufstehen und sich wieder hinsetzen. Wird das Thema genannt, müssen alle Kinder aufstehen und sich wieder setzen.

Beispiel

Das Thema ist „Obst". Die Kinder sind Apfel, Birne, Erdbeere, Banane etc. Sind viele Kinder in der Gruppe, können Obstsorten auch doppelt vergeben werden.
Die Spielleitung erzählt: „In meiner Geschichte dreht sich alles um Obst. Heute wollte ich einen Obstsalat machen. Zuerst schaute ich nach, was ich noch zu Hause hatte. Auf dem Küchentisch lag ein Apfel. Aus dem Garten holte ich Erdbeeren. Im Gras fand ich eine Birne. Nun musste ich aber noch Obst dazukaufen. Vielleicht Bananen?"
In der Geschichte können natürlich auch Obstsorten genannt werden, die nicht vergeben sind.

Ältere Kinder werden auch Spaß daran haben, selbst eine Geschichte zu erfinden und zu erzählen. Auch das fördert die Konzentration.

21

Zungenbrecher

Die Zungenbrecher werden von der Spielleitung langsam vorgesprochen, dann zunächst langsam und danach immer schneller nachgesprochen. Welches Kind schafft es, einen Zungenbrecher dreimal hintereinander fehlerfrei zu sprechen?

Beispiele für bekannte Zungenbrecher

- Fischers Fritz fischt frische Fische – frische Fische fischt Fischers Fritz.
- Die Katze tritt die Treppe krumm.
- Die Bürsten mit den schwarzen Borsten bürsten besser als die Bürsten mit den braunen Borsten.
- Wir Wiener Waschweiber wollten weiße Wäsche waschen, wenn wir wüssten, wo warmes Wasser wär.
- Wenn Fliegen hinter Fliegen fliegen, fliegen Fliegen Fliegen nach.
- Zwischen zwei Zwetschgenzweigen zwitscherten zwei Schwalben.

Die Kinder können auch selbst weitere Zungenbrecher erfinden. Dazu verwenden sie am besten Wörter, die mit dem gleichen Buchstaben und/oder möglichst

schwer auszusprechenden Konsonantengruppen beginnen. Die Schnellsprechsprüche dürfen albern oder lustig ausfallen. Vornamen sollten nicht verwendet werden, damit sich kein Kind gekränkt fühlen kann.
Beispiele für selbst gemachte Zungenbrecher:

- Rostige Räder rattern rastlos rückwärts.
- Graue Gänse gammeln gerne im grünen Gras.
- Schöne Schmetterlinge schwatzen mit schmutzigen Schweinen.

Buchstaben zählen

Alle Kinder erhalten denselben kurzen Text. Darin sollen sie alle kleinen „a" zählen, ohne Hilfsmittel, also nur durch Anschauen. Wer fertig ist, schreibt die gefundene Zahl auf. Anschließend wird das Ergebnis mit der richtigen Anzahl, die die Spielleitung vorher festgestellt hat, verglichen. Wie schwierig war es, richtig zu zählen?
Natürlich können auch alle anderen Buchstaben – oder Zahlen oder Satzzeichen - gezählt werden.

Material

für jedes Kind eine Kopie eines kurzen Textes aus einem Buch oder einer Zeitung

Vokale ersetzen

Die Kinder lesen nacheinander Satz für Satz einen Text, aus einem Kinderbuch, einem Schulbuch, einer Zeitung o. Ä. Dabei sollen sie alle Vokale durch einen einzigen ersetzen, in der ersten Runde z. B. durch das „a".

Beispiel

Aus: „Eines schönen Tages ging ich spazieren. Da sah ich einen Hund",
wird: „Anas schanan Tagas gang ach spazaran. Da sah ach anan Hand."

Statt „a" können natürlich auch alle anderen Vokale verwendet werden.

Material

ein Kinderbuch, ein Schulbuch, eine Zeitung o. Ä.

24

Falsch-Lesung

Bei dieser Übung müssen die Kinder schon gut lesen können. Alle erhalten den gleichen Text oder schlagen die gleiche Seite im Lesebuch auf. Die Spielleitung liest den Text vor, die Kinder lesen leise mit. Zuvor hat die Spielleitung in ihrem Text einige Wörter markiert, die sie beim Vorlesen durch andere – sinnvolle – ersetzt, z. B. liest sie statt blau grün, statt Fichte Tanne o. Ä.
Die Kinder müssen beim Zuhören die falschen Wörter kennzeichnen. Wie viele haben sie gefunden?

Material

ein Text, z. B. aus dem Lesebuch

Tabu-Wörter

Im Gespräch dürfen häufig verwendete, kurze Wörter nicht mehr verwendet werden, wie „ja“, „nein“, „es“, „man“ o.Ä. Mit den Kindern wird vereinbart, welche das sein sollen. In der ersten Spielrunde und bei kleineren Kindern sollten es nur zwei Wörter sein, bei älteren Kindern können es dann auch mehr werden. Die Tabu-Wörter sollten deutlich sichtbar im Raum auf einem Wandplakat ausgehängt werden, damit die Kinder sich ihrer immer wieder vergewissern können.

26

Nur nicht antworten

Die Spielleitung stellt einem Kind nacheinander eine Reihe von Fragen. Das Kind muss auf jede Frage antworten. Seine Antwort darf aber mit der Frage nichts zu tun haben. Die Spielleitung muss dabei versuchen, ihre Fragen so zu stellen, dass sie dennoch möglichst korrekte Antworten provozieren. Die Fragen sollten sehr schnell hintereinander gestellt werden, auch die Antworten müssen möglichst schnell erfolgen.

Beispiel

Die Spielleitung fragt: „Wie findest Du dieses Spiel?" – Kind: „Ich esse gerne Nudeln."
Spielleitung: „Hast Du Deine Aufgaben schon gemacht?" – Kind: „Mein Hund bellt."

Vor Spielbeginn kann die Anzahl der Fragen festgelegt werden. Kennt die Gruppe das Spiel, können die Fragen auch von einem Kind gestellt werden.

Eine Ente mit zwei Beinen

Die Kinder sitzen im Kreis. Das erste Kind beginnt: „Eine Ente“, das zweite ergänzt: „mit zwei Beinen“, das dritte macht den Schluss mit „platsch.“ Im Kreis geht es weiter. Das vierte Kind beginnt mit: „Zwei Enten“, das fünfte ergänzt: „mit vier Beinen“, das sechste schließt mit: „platsch, platsch.“ Dann folgen „Drei Enten – mit sechs Beinen – platsch – platsch – platsch.“ usw. Macht ein Kind einen Fehler, muss noch einmal von vorne angefangen werden. Es wird jeweils aufgeschrieben, bis zu wievielen Enten die Gruppe gekommen ist. Sie versucht, bei jeder Runde mehr Enten ins Wasser platschen zu lassen.

28

Zahlenwelle

Die Kinder sitzen im Kreis. Ein Stuhl bleibt dabei frei. Vor Spielbeginn wird festgelegt, wie weit gezählt werden soll, bis 6, bis 8, bis 10, je nach Alter und Fähigkeiten der Kinder. Die Spielleitung ruft: „Rückwärts, linksherum“. Das Kind, dessen linker Platz frei ist, setzt sich schnell auf den freien Platz und ruft „6.“ Das nächste Kind rückt nach und ruft „5“. So geht es weiter bis „1“. Das nun folgende Kind ruft keine Zahl mehr, sondern den Namen eines anderen Kindes, das schnell den freien Platz einnimmt, und z. B. ruft: „Vorwärts rechtsherum“. Die Kinder zählen nun nacheinander vorwärts von 1 bis 6 und rutschen nach rechts nach.
Wird ein Fehler gemacht, bricht das Spiel an dieser Stelle ab und die Spielleitung beruft ein Kind auf den gerade freien Platz, das dann die nächste Welle anordnet.

Variation

Die Endzahl wird nicht für alle Runden festgelegt, sondern in jeder Runde von dem Kind, das die Welle beginnt, bestimmt. Die Anweisung besteht dann aus drei Teilen, z. B. „Drei, rückwärts, rechtsherum“.

Ribbel Dibbel für Einsteiger

Die Kinder sitzen im Kreis. Jedes Kind bekommt eine Nummer, eins, zwei, drei, usw.
Nun beginnt das Spiel. Alle Kinder schlagen im gleichen Rhythmus auf ihre Oberschenkel, dann klatschen sie in die Hände und zuletzt schnipsen sie nacheinander mit den Fingern über die Schultern. Dazu sagen sie folgenden Spruch, wobei auf jedes Wort ein Schlag fällt: „Ribbel Dibbel Nr. X ruft Ribbel Dibbel Nr. Y“. Als erste Zahl setzen die Kinder ihre eigene ein, die zweite muss die eines anderen Kindes sein, z. B.: „Ribbel Dibbel Nr. 1 ruft Ribbel Dibbel Nr. 5.“ Das aufgerufene Kind macht weiter. Kommt ein Kind aus dem Takt oder verspricht sich, bekommt es einen „Dibbel“ auf die Stirn, z. B. einen Farbklecks. Wer hat am Schluss die wenigsten Dibbel bekommen?

Variation

Bei der Vollversion für ältere Kinder (und Erwachsene) wird die Anzahl der Dibbel mit aufgesagt, also: „Ribbel Dibbel Nr. X ohne Dibbel ruft Ribbel Dibbel Nr. Y mit einem Dibbel.“ Da kommt das Hirn auf Touren!

Material

eine kleine Menge Schminkfarbe, Klebepunkte o.Ä.

Spiele, um den Körper zu kontrollieren

Zuklatschen

Die Kinder sitzen im Kreis. Reihum klatschen sie nacheinander dem Kind zu, das im Stuhlkreis links neben ihm sitzt. Dabei müssen sie sich dem Kind ganz zuwenden und es direkt anschauen. In der nächsten Runde wird das Tempo gesteigert. Nach einigen Runden links herum lässt die Spielleitung das Klatschen einige Runden nach rechts laufen.
Das Spiel wird schwieriger, wenn die Kinder das Klatschen nicht dem Kind, das neben ihnen sitzt, weitergeben, sondern einem Kind, das gegenüber sitzt, zuwerfen, so dass das Klatschen schließlich kreuz und quer durch den Stuhlkreis wandert.
Am Anfang kann es eine Hilfe sein, wenn gleichzeitig mit der Weitergabe des Klatschens der Name des beklatschten Kindes gerufen wird.

Klopfkreis

Die Kinder knien im Kreis auf dem Boden und stützen ihre Hände auf. Dabei überkreuzen sich ihre Arme jeweils mit den Armen des linken und rechten Nachbarkindes, so dass zwischen den eigenen Händen zwei fremde Hände liegen, eine vom linken und eine vom rechten Nachbarkind. Nun wird nacheinander im Kreis herum mit der rechten Hand auf den Boden geklopft. Einmal klopfen bedeutet dabei, dass die Richtung beibehalten wird. Klopft ein Kind zweimal, muss die Richtung gewechselt werden. Verpasst ein Kind den Einsatz, muss es aufhören zu klopfen, die anderen klopfen weiter. Das Kind bleibt aber im Kreis. Das macht das Klopfen für die Kinder rechts und links neben ihm schwieriger. Das Spiel sollte zunehmend zügiger gespielt werden. Wie lange können alle mitmachen, ehe die Konzentration verloren geht?

Bewegung auf Zeichen

Auf eine Tafel oder ein Wandplakat werden Buchstaben oder Zeichen mit zugehörigen Bewegungen gemalt. Zum Beispiel:

- O - ans Ohr fassen
- K - klatschen
- T - trampeln
- H - in die Hocke gehen
- P - mit dem Po wackeln

Deutet die Spielleitung auf ein Zeichen, müssen die Kinder die entsprechenden Bewegungen ausführen. Je mehr Zeichen, desto mehr Konzentration erfordert das Spiel. Am Anfang sollten es deshalb nicht mehr als drei sein. Das Spiel wird auch schwieriger, je schneller die Anweisungen aufeinander folgen.

Ist das Spiel eingeübt, kann auch ein Kind die Anweisungen geben, die Spielleitung macht die Bewegungen mit. Kinder können so die Erfahrung machen, dass Konzentration auch Erwachsenen nicht so ohne Weiteres gelingt, sondern sie sich dazu anstrengen müssen.

Kreis gegen Kreis

Die eine Hälfte der Gruppe bildet einen Außenkreis, die andere einen Innenkreis. Beide Kreise bewegen sich gegenläufig. Auf ein Zeichen der Spielleitung laufen die Kinder des äußeren Kreises möglichst schnell zu den Spielfeldecken, in denen vor Spielbeginn Freimale abgegrenzt worden sind. Kinder aus dem Innenkreis, denen es gelingt, ein flüchtendes Kind aus dem Außenkreis zu fangen, ehe dieses ein Freimal erreicht hat, dürfen mit diesem tauschen und bei der nächsten Spielrunde in den Außenkreis wechseln.

34

Autorennen

Die Kinder bewegen sich als „Autos“ frei im Raum. Für die Verkehrsregelung werden vorher Signale vereinbart, so viele wie die Kinder behalten können.

Beispiele

Sagt die Spielleitung „Rückwärtsgang“, müssen alle rückwärts laufen, bei „Wasser im Tank“ müssen alle immer zwei Schritte vor und einen zurück gehen, sagt sie „Reifen platt“, krabbeln alle nur noch auf dem Boden, bei „rote Ampel“ müssen alle so schnell wie möglich zum Stillstand kommen.

Frau Maier sagt

Die Kinder bilden einen lockeren Kreis um die Spielleitung herum. Diese gibt Anweisungen, die von allen Kindern ausgeführt werden müssen, allerdings nur dann, wenn sie vor der Anweisung gesagt hat: „Frau Maier sagt“. Alles, was nicht Frau Maier sagt, darf auch nicht ausgeführt werden. Wer es dennoch tut, scheidet für diese Runde aus.

Beispiele

„Frau Maier sagt, hebt den rechten Arm.“ – Alle heben den rechten Arm.
„Frau Maier sagt, schüttelt den Kopf.“ – Alle schütteln den Kopf.
„Stellt Euch auf die Zehenspitzen.“ – Niemand darf sich bewegen.

Hasenohren oder Geige

Die Kinder sitzen im Kreis. Die Spielleitung steht in der Mitte. Sie zeigt pantomimisch entweder Hasenohren, indem sie beide Hände an den Hinterkopf hält und damit wippende Bewegungen macht, oder sie ahmt einen Geigenspieler nach.
Die Kinder im Kreis sollen immer die andere Bewegung machen, also die Bewegung, die die Spielleitung gerade nicht zeigt. Zeigt die Spielleitung Hasenohren, spielen die Kinder Geige. Spielt die Spielleitung Geige, zeigen die Kinder Hasenohren.
Je schneller gewechselt wird, desto mehr Konzentrati on ist erforderlich. Außerdem macht es viel Spaß. Haben die Kinder die Spielregel verstanden, gibt statt der Spielleitung ein Kind die Anweisungen.

Tücherwettlauf

Alle Kinder sitzen oder stehen im Kreis. Es wird zu zweien durchgezählt. Alle Kinder mit der Nummer 1 gehören zu einem Team, die mit Nummer 2 zum anderen Team. Die Spielleitung gibt nun einem Gruppenmitglied vom Team 1 das rote Tuchknäuel, dem daneben sitzenden vom Team 2 das blaue Tuchknäuel. Die Tücher werden nun gegenläufig im Kreis herumgegeben, das rote nur an Kinder vom Team 1, das blaue in entgegengesetzter Richtung nur von Team 2-Kindern. Es wird also immer ein Kind übersprungen. Den Tücherwettlauf gewonnen hat das Team, dessen Tuch zuerst wieder zum Ausgangspunkt zurückgekommen ist. Es können auch mehrere Runden vereinbart werden.

38

Variation

Die Tücher können von beiden Teams auch in der gleichen Richtung herumgegeben werden. Dann endet das Spiel, wenn ein Tuchknäuel das andere überholt hat.

Material

ein rotes und ein blaues Tuchknäuel

Wer bestimmt?

Ein Kind verlässt den Raum. Die anderen sitzen oder stehen im Kreis. Sie werden zum „Orchester“ und bestimmen unter sich, wer „dirigiert“. Dieses Kind beginnt pantomimisch ein Instrument zu spielen, alle anderen machen es ihm nach. Wechselt der Dirigent/die Dirigentin das Instrument, wechseln alle anderen es auch. Während das Orchester „spielt“, wird das Kind von draußen wieder hereingerufen. Es muss herausfinden, wer dirigiert. Ist ihm das gelungen, wird es in der nächsten Runde selbst zum Dirigenten.

39

Große Tiere, kleine Tiere

Die Kinder bewegen sich zu den Schlägen eines Tamburins oder im Takt einer Musik frei durch den Raum. Stoppt die Musik, nennt die Spielleitung ein Tier. Ist es ein großes Tier, also ein Elefant oder eine Giraffe, müssen sich alle Kinder nach oben strecken; ist es ein kleines Tier, z. B. eine Maus oder ein Meerschweinchen, hocken sich alle auf den Boden. Beginnt die Musik wieder, setzen die Kinder ihre ursprüngliche Bewegung fort.

Variation

Statt Tieren kann die Spielleitung auch große und kleine Pflanzen nennen.
Große Pflanzen sind z. B. alle Bäume; kleine Pflanzen niedrige Blumen wie Gänseblümchen, Primel, Schneeglöckchen.

Spiele, um das Denken wach zu halten

Koffer packen

Die Gruppe sitzt im Kreis. Ein Kind beginnt, seinen Koffer zu packen, indem es einen Gegenstand nennt, den es in den Koffer legt. Es sagt z. B.: „Ich packe ein Hemd ein.“ Das nächste Kind muss diesen Gegenstand wiederholen und einen weiteren hinzufügen: „Ich packe ein Hemd und eine Hose ein.“ Das dritte Kind wiederholt beide Gepäckstücke und fügt noch eines hinzu: „Ich packe ein Hemd, eine Hose und eine Zahnbürste ein.“ Jedes Kind muss also immer alle schon eingepackten Gegenstände in der richtigen Reihenfolge wiederholen und einen neuen hinzufügen. Von Kind zu Kind wird das Kofferpacken dadurch immer schwieriger.

Variation

Damit das Spiel bei Wiederholungen nicht langweilig wird, kann die Gruppe statt Koffer zu packen, z. B. auch

- einen Obstkorb füllen
- Tiere für einen Zoo einfangen
- für eine Party einkaufen
- ein Zimmer einrichten

Münzwanderung

Die Kinder sollen durch Betasten den Wert verschiedener Münzen herausfinden und zusammenrechnen, wie viel Geld durch ihre Hände gegangen ist. Dazu bildet die Gruppe einen Kreis. Die Kinder halten die Hände auf den Rücken. Die Spielleitung gibt dem ersten Kind im Kreis nach und nach die Münzen, die dann im Kreis bis zum letzten Kind weitergegeben werden. Nachdem ein Kind eine Münze ertastet hat, darf es den Geldbetrag auf einem Zettel notieren. Am Schluss zählt es den Wert zusammen. Die Spielleitung gibt die richtige Summe bekannt und jedes Kind kann überprüfen, wie genau es das Ergebnis getroffen hat.
Vor Spielbeginn werden die einzelnen Münzen gezeigt und jedes Kind darf einmal tasten. Je kleiner die Kinder, desto weniger Münzen sollten herumgegeben werden und je unterschiedlicher sollten die Münzen sein.

Material

Notizzettel und Stift für jedes Kind, verschiedene Geldstücke

42

Die verbotene 7

Die Kinder sitzen im Kreis. Sie fangen von 1 an zu zählen. Statt der Zahl 7 und allen anderen Zahlen, in denen die 7 vorkommt oder die ein Vielfaches von 7 sind, sagen sie „ups“:
1 – 2 – 3 – 4 – 5 – 6 – ups – 8 – 9 – 10 – 11 – 12 – 13 – ups – 15 – 16 – ups – 18, usw. Bis zu welcher Zahl kommt die Gruppe?
Statt der 7 kann selbstverständlich auch jede andere Zahl zwischen 3 und 9 verboten werden.

43

Buchstabenpuzzle

Auf einer Tafel oder einem großen Wandplakat werden die Buchstaben aus Wörtern durcheinander gewürfelt aufgeschrieben. Die Kinder sollen die Buchstaben möglichst schnell in der richtigen Reihenfolge zusammensetzen. Selbstverständlich müssen die Wörter dem Wortschatz der Kinder entsprechen.
Je jünger, desto kürzer sollten die zu suchenden Wörter sein. Um das Spiel einzuführen, kann zunächst auch der erste Buchstabe gekennzeichnet werden. Außerdem kann die Wortart genannt werden, eventuell kann auch ein Thema vereinbart werden, aus dem die Wörter entnommen sind.

44

Beispiel

Unser Thema sind die Zoo-Tiere.
Welches Tier versteckt sich hier? F E T A E L N
Lösung: Elefant

Handlungsschritte vorstellen

Die Kinder sollen sich in allen Einzelheiten vorstellen, wie sie etwas tun. Dazu sollen sie sich mit geschlossenen Augen bequem hinsetzen, sich den Vorgang genau vorstellen und anschließend laut beschreiben. Ältere Kinder können die Handlungsschritte auch aufschreiben, dann kann anschließend verglichen werden: Wie viele Details haben die einzelnen Kinder beschrieben? Wer hat die meisten Handlungsschritte beschrieben?

Beispiel

Die Kinder sollen sich vorstellen: „Ich ziehe einen Sportschuh an."
Ich setze mich auf die Bank.
Ich ziehe meine Straßenschuhe aus.
Dazu öffne ich den Klettverschluss.
Die Schuhe stelle ich unter die Bank.
Dann nehme ich meinen Turnbeutel in die Hand.
Ich hole meine Sportschuhe raus.

Ich lockere die Schnürsenkel.
Ich schlüpfe in die Schuhe.
Ich ziehe die Lasche hoch.
Ich schnüre die Schnürsenkel zu.

45

Fünf-Wort-Geschichte

Die Spielleitung beginnt mit einem Satz, der aus fünf Wörtern besteht. Dieser Satz ist der Anfang einer Geschichte, die jedes Kind im Kreis reihum nach Belieben fortsetzt. Dabei darf jeder Satz immer nur aus fünf Wörtern bestehen. Das letzte Kind im Kreis sollte die Geschichte mit einem Schlusssatz zu Ende bringen.

Beispiel

Spielleitung: Max hat einen Hund bekommen.
1. Kind: Er nennt den Hund Bello.
2. Kind: Bello hat eine weiße Schnauze.
3. Kind: Er frisst am Liebsten Leckerli.
usw.
Letztes Kind: Die beiden sind jetzt unzertrennlich.

Hinweis

Die Sätze könnten auch sechs oder mehr Wörter enthalten, weniger als fünf Wörter sollten es aber nicht sein, sonst wird es sehr schwierig, sinnvolle Sätze zu bilden.

Flunkergeschichten

Die Spielleitung erzählt eine kurze Geschichte, in die sie Fehler einbaut. Die Kinder sollen die Fehler herausfinden und auf einem Zettel notieren. Ist die Erzählung beendet, wird verglichen. Wer hat alle Flunkereien gefunden?
Die Kinder können auch selbst Flunkergeschichten erfinden, die die anderen aufdecken müssen.

Beispiel

„Als ich heute Morgen um drei Uhr aufgestanden bin, stand Minka vor meinem Bett. Sie machte Männchen und winselte. Vermutlich hatte sie Hunger. Schnell ging ich mit Minka in die Küche. Dort goss ich ihr Milch in ihr Katzenschälchen. Dann machte ich den Toaster an und strich Marmelade auf die fertigen Toastscheiben. Herrlich duftete der Kaffee aus dem Toaster. Da klingelte mein Handy. Ich zog die Telefonschnur hinter mir her und setzte mich aufs Sofa. Wer wohl so früh schon anrief?"

Material

Stifte und Papier

47

Perspektivwechsel

Häufig nehmen wir unsere Umwelt nur oberflächlich oder aus einem bestimmten Blickwinkel wahr. Bei diesem Spiel sollen die Kinder Dinge oder Lebewesen von unterschiedlichen Standpunkten aus betrachten. Sie lernen dabei, genauer und intensiver hinzuschauen. Der Perspektivwechsel für einen Gegenstand oder ein Lebewesen kann entweder von einem einzigen Kind vollzogen werden, es können aber auch drei Kinder dasselbe aus drei verschiedenen Perspektiven beschreiben.

Beispiele

- Einen Löwenzahn beschreiben aus der Sicht eines Gärtners – eines Kaninchens – eines Malers.
- Einen Wasserhahn beschreiben aus der Sicht eines Durstigen – eines Klempners – eines Umweltschützers.
- Ein Kind auf einem Fahrrad beschreiben aus der Sicht eines anderen Kindes – eines Polizisten – eines Fahrradverkäufers.

Gedanken lesen

Die Spielleitung denkt sich ein Wort, das die Kinder erraten sollen. Sie dürfen dazu Fragen stellen, die so formuliert sind, dass die Spielleitung mit „ja“ oder „nein“ antworten kann.Die Kinder fragen z. B. zuerst, ob es sich um ein Lebewesen (eine Person, ein Tier, eine Pflanze) oder einen Gegenstand handelt. Dann fragen die Kinder reihum, um das gedachte Worte einzugrenzen und schließlich zu erraten.
Für die Kinder kommt es bei diesem „Gedanken lesen“ darauf an, sich zu konzentrieren, sich die relevanten Informationen zu merken, um dann durch gezielte Fragen weitere Auskünfte zu erhalten.

Variation

Die Anzahl der Fragen kann vor Spielbeginn festgelegt werden, z.B. sind insgesamt bis zu 15 Fragen erlaubt. Ein Kind zählt die Fragen mit. Wenn das Wort dann nicht erraten ist, lüftet die Spielleitung das Geheimnis. Das Spiel kann auch als Wettbewerb in Gruppen gespielt werden. Die Gruppe, die das Wort zuerst errät, hat gewonnen.

Code knacken

Ziel des Spiels ist es, einen Code zu knacken, der die Spielregel erklärt. Die Gruppe sitzt im Kreis. Die Spielleitung beginnt das Spiel z. B. mit folgenden Worten: „Ihr wollt ins Fantasie-Land reisen. Dort dürft Ihr nur einreisen, wenn Ihr bestimmte Kleidungsstücke mitnehmt. Ihr sollt herausfinden, welche das sein können."

Die Kinder raten nun reihum, was sie mitnehmen müssten und die Spielleitung entscheidet jeweils, ob sie damit einreisen dürfen oder nicht. Der „Code" kann z. B. sein, dass ein Kind nur einreisen darf, wenn es ein Kleidungsstück nennt, das das Kind, das rechts neben ihm sitzt, trägt. Nach einigen Spielrunden werden einige Kinder den Code herausbekommen, sie dürfen ihn aber nicht aussprechen, sondern weiter mitmachen und immer das Richtige nennen.

Variation

Die Variationsmöglichkeiten sind nahezu unendlich. Wenn die Gruppe einen Code herausgefunden hat, muss beim nächsten Spiel ein anderer verwendet werden.

Beispiele für Codes:

- ein Gegenstand in einer bestimmten Farbe: ein rotes Hemd, ein roter Kuli o. Ä.
- ein Sportgerät: ein Fahrrad, ein Fußball, ein Skateboard o. Ä.
- etwas zu essen: ein Butterbrot, einen Apfel, Schokolade o. Ä.
- usw. usw.

Auch der Anlass kann verändert werden. Es muss nicht immer eine Reise sein.

Weitere Beispiele

- Ihr wollt zu einem Fest eingeladen werden,
- in eine Fußballmannschaft gewählt werden,
- im Chor mitsingen dürfen.

Don Bosco MiniSpielothek
Klein, fein, alles drin

ISBN 978-3-7698-1939-7

ISBN 978-3-7698-1938-0

ISBN 978-3-7698-1936-6

ISBN 978-3-7698-1937-3

ISBN 978-3-7698-1919-9

ISBN 978-3-7698-1920-5

ISBN 978-3-7698-1921-2

ISBN 978-3-7698-1922-9

ISBN 978-3-7698-1889-5

ISBN 978-3-7698-1890-1

ISBN 978-3-7698-1891-8

ISBN 978-3-7698-1892-5

ISBN 978-3-7698-1863-5

ISBN 978-3-7698-1864-2

ISBN 978-3-7698-1865-9

ISBN 978-3-7698-1846-8

ISBN 978-3-7698-1847-5

ISBN 978-3-7698-1848-2

ISBN 978-3-7698-1796-6

ISBN 978-3-7698-1797-3

ISBN 978-3-7698-1783-6

ISBN 978-3-7698-1784-3

ISBN 978-3-7698-1786-7

ISBN 978-3-7698-1729-4

ISBN 978-3-7698-1731-7

ISBN 978-3-7698-1613-6

ISBN 978-3-7698-1614-3